Oliver Volmerich

Hurra, wir leben noch!
DORTMUND
nach 1945

Wartberg Verlag

Literaturhinweis

Gerd Kolbe: Dortmunds Borussia, Deutscher Fußballmeister 1995, Verlag Beleke, Essen 1995
Hans Lindemann (Hg.): St. Reinoldi in Dortmund, W. Crüwell Verlagsbuchhandlung, Dortmund 1956
Gustav Luntowski/Norbert Reimann: Dortmund – 1100 Jahre Stadtgeschichte, Festschrift, Ruhfus-Verlag, Dortmund 1992
Gerhard E. Sollbach (Hg.): Dortmund – Bombenkrieg und Nachkriegsalltag 1939–1948, Lesezeichen-Verlag, Hagen 1996
Stadt Dortmund: Verwaltungsbericht 1945/46 bis 1951/52
Stadt Dortmund: Von der toten zur lebendigen Stadt, Verlag Eugen Schinker, Dortmund 1951
Stadt Dortmund: Von der großen Stadt zur Großstadt, Verlag Eugen Schinker, Dortmund 1956
Stadtarchiv Dortmund: Dortmund im Wiederaufbau 1945 bis 1960, Ruhfus-Verlag, Dortmund 1985
Oliver Volmerich: Die Geschichte der Brückstraße, Ruhr Nachrichten Verlagsgesellschaft, Dortmund 1996
Oliver Volmerich: 150 Jahre Eisenbahn in Dortmund, Ruhr Nachrichten Verlagsgesellschaft, Dortmund 1997

Dank

Großer Dank gilt den Leserinnen und Lesern der Ruhr Nachrichten, deren Bilder die Grundlage für die Zusammenstellung dieses Buches sind, besonders Heimatforscher Valentin Frank, dessen Fotosammlung die Basis für die im Sommer 2002 erschienene Zeitungsserie war.

Autor

Oliver Volmerich, Jahrgang 1966, ist Diplom-Journalist und Redakteur in der Dortmunder Stadtredaktion der Ruhr Nachrichten. Der gebürtige Dortmunder beschäftigt sich dort außer mit Kommunalpolitik und Stadtplanung auch mit Heimatgeschichte.

Fotonachweis: Die Fotos entstammen dem Leseraufruf der Ruhr Nachrichten.

1. Auflage 2002

Druck: Thiele & Schwarz, Kassel
Buchbinderische Verarbeitung: Büge, Celle

34281 Gudensberg-Gleichen, Im Wiesental 1
Telefon (0 56 03) 9 30 50 • www.wartberg-verlag.de
ISBN 3-8313-1056-4

Vorwort

So fast as Düorpm – so fest, so stark wie Dortmund. Seit dem Mittelalter ist das der Wahlspruch der Stadt. Er war bezeichnend für die Wehrhaftigkeit der einst stolzen Reichs- und Hansestadt. Doch auch für die jüngere Vergangenheit hat der Satz Symbolwert. 1945, zum Ende des Zweiten Weltkriegs, war Dortmund sprichwörtlich am Boden zerstört. Und wohl kaum jemand hätte zu hoffen gewagt, dass aus der Trümmerlandschaft in nur knapp zehn Jahren wieder eine der größten deutschen Industriestädte mit mehr als einer halben Million Einwohner entstehen würde.

Als am 13. April 1945 amerikanische Truppen in die Stadt einrückten, bot sich ihnen ein Bild der Verwüstung. Insgesamt 105 Luftangriffe, darunter acht verheerende Großangriffe, hatten die alliierten Truppen auf Dortmund geflogen. Der letzte Angriff vom 12. März galt als der größte, der je eine deutsche Stadt getroffen hat, und legte das Zentrum der Stadt endgültig in Schutt und Asche.

Am Ende war die Innenstadt mit vielen bedeutenden Gebäuden und den historischen Kirchen zu 93 Prozent zerstört. Straßen, Brücken, Versorgungsleitungen, Schienenstrecken waren schwer beschädigt oder unter Trümmerbergen begraben. Schätzungen gehen von 7 000 Todesopfern aus, zehntausende Einwohner waren evakuiert worden oder geflüchtet. Nur noch knapp 300 000 Menschen lebten 1945 in der Trümmerstadt, gegenüber fast 540 000 im Jahr 1939. In der eigentlichen Stadtmitte war die Einwohnerzahl sogar auf etwa 2 200 – ein Bruchteil der ursprünglichen Zahl – gesunken.

Die Zerstörungen erschienen so gewaltig, dass von der britischen Militärregierung unmittelbar nach Kriegsende sogar erwogen wurde, das Stadtzentrum an anderer Stelle neu zu bauen. Zehn Millionen Kubikmeter Schutt – Gewerbe- und Industrieflächen nicht mitgezählt – mussten geräumt werden. Und die Anfänge waren mühsam. Gerade einmal zwei Bagger, 20 städtische Arbeiter sowie 53 Fach- und Hilfsarbeiter verschiedener Baufirmen standen zur Verfügung. Mit zwölf Pferdefuhrwerken fuhren sie die ersten Trümmerberge ab. Alle Männer in der Stadt wurden zur freiwilligen Mithilfe aufgerufen und später, ab September 1945, zu je 100 Arbeitsstunden verpflichtet.

Doch erst im Mai 1946 konnte die systematische Trümmerräumung starten. Die Stadt wurde in fünf Räumbezirke eingeteilt. Einen Großteil der Schuttmassen transportierte man über eigens verlegte Schienen mit einer kleinen Trümmerbahn. Zentraler Sammelpunkt war eine gewaltige Siloanlage, die man direkt gegenüber dem zerstörten Hauptbahnhof aufgebaut hatte. Hier wurde der Schutt in größere Waggons umgeladen und zu den verschiedenen Kippstellen im Stadtgebiet gefahren. Was verwendbar war, sortierte man für den Wiederaufbau aus – bis 1952 allein mehr als 17 Millionen Ziegelsteine. Das Bild der Steine pickenden „Trümmerfrau" wurde zum Symbol der Zeit.

Freilich war es weiterhin schwierig, die Einwohner für die Mitarbeit an der Schutträumung zu gewinnen. Denn die hatten genug damit zu tun, ihr eigenes Überleben zu sichern. Jede dritte Wohnung war zerstört, man hauste notdürftig und zusammengepfercht in kalten, zugigen Ruinen mit Wellblechdächern und Fenstern aus Pappe. Zu den verbliebenen und zurückkehrenden Dortmundern kamen die vielen zehntausend Flüchtlinge aus dem Osten, die eine neue Heimat suchten. Erst nach und nach wurden alte Wohnhäuser wieder bewohnbar, entstanden neue Siedlungen.

Die Wohnungsnot war beileibe nicht die einzige Sorge. Auch die Ernährungslage war in den ersten Nachkriegsjahren katastrophal. Mit Hamsterfahrten und illegalem Tauschhandel auf dem Schwarzmarkt versuchte man, das Nötigste zu organisieren. Fast jeder freie Fleck wurde als Gartenland genutzt – sogar der ehemalige Kaiserhain-Teich am heutigen Westfalenpark diente als Kartoffelacker. Etwas besser hatten es bei der Lebensmittelversorgung die Bergleute, die Extra-Rationen bekamen. Denn schließlich sollten sich die Förderräder wieder drehen, die Hochöfen wieder glühen, um die Wirtschaft auf Touren zu bringen.

Das Wirtschaftswunder gelang. Mit der Währungsreform am 20. Juni 1948 füllten sich wieder die Geschäfte. Und mit der Zahl der Kalorien, wuchs auch neuer Lebensmut. Der Schaufenster-Bummel in der wieder aufblühenden City gehörte zu den liebsten Freizeitbeschäftigungen – auch wenn man sich selbst noch nicht viel leisten konnte. Tanzlokale und Kinos, von denen die ersten im Zentrum im Frühjahr 1946 wieder öffneten, füllten sich. Mitte der 50er Jahre war Dortmund mit 13,5 Millionen Besuchern in 75 Lichtspieltheatern Deutschlands Kino-Hauptstadt. Nur ein Zeichen für die regelrechte Vergnügungssucht, die sich nach den ersten schweren Nachkriegsjahren ausbreitete.

Feste wurden wieder gefeiert, sowohl im Familienkreis, als auch in der Öffentlichkeit. Man fand seine eigene kleine heile Welt. Ausgelassen genoss man – für Westfalen eigentlich ungewöhnlich – den Karneval, die Kleinen hatten bei Kinder-Schützenfesten in den Wohnquartieren ihren Spaß. Ausflüge – zu Fuß oder mit dem ersten eigenen Auto – wurden gemacht, zunächst in die nähere Umgebung. Die Buschmühle im heutigen Westfalenpark oder die Hohensyburg mit dem Kaiser-Wilhelm-Denkmal hoch über der Ruhr waren beliebte Ziele.

Oder man bestaunte den Bau der Westfalenhalle, die gewissermaßen zur ersten Krone des Wiederaufbaus wurde. Die kühne Stahl- und Glaskonstruktion ersetzte den im Krieg zerstörten hölzernen Vorgängerbau. Schon 1952 wurde die Eröffnung der damals größten Veranstaltungshalle Europas gefeiert, mit Sport, Spiel und Show. Natürlich: Auch der Sport blühte wieder auf, gekrönt von den deutschen Meisterschaften der Fußballer von Borussia Dortmund 1956 und 1957. Michallek, Preißler, Kelbassa und Niepieklo hießen die Helden. Man war wieder wer und konnte die Trümmer im Stadtbild endlich vergessen.

Zerstörung, Wiederaufbau, Not und Freude – all das zeigen auch die Bilder in diesem Buch. Die Ruhr Nachrichten hatten die Dortmunderinnen und Dortmunder dazu aufgerufen, in ihren Familienalben zu blättern und Fotos und Geschichten aus der Nachkriegszeit zur Verfügung zu stellen. Das Echo war riesig. Eine Flut von Einsendungen mit Bildern und Berichten, bis hin zu kompletten Fotoalben, erreichte die Redaktion. Den Leserinnen und Lesern der Ruhr Nachrichten, Dortmunds größter Tageszeitung, gilt deshalb ein besonderer Dank, denn sie haben dieses Buch erst möglich gemacht.

Leider kann nur ein Teil der vielen hundert eingesandten Bilder in diesem Buch gezeigt werden. Die Auswahl fiel schwer. Doch sie liefert, so hoffe ich, ein Abbild möglichst vieler Facetten dieser schweren und zugleich offenbar auch schönen Zeit. In jedem Falle zeigen die Bilder das ganz besondere Lebensgefühl der ersten Nachkriegsjahre, das ganz zweifellos von einem Motto geprägt war: „Hurra, wir leben noch".

Oliver Volmerich

▲ Ausgebombte und ausgebrannte Ruinen säumten die notdürftig von Schutt und Trümmern geräumten Straßen der Innenstadt, wie hier im Bereich Hansastraße. 93 Prozent der Bausubstanz im Stadtzentrum waren zum Ende des Zweiten Weltkriegs nach mehr als 100 Bombenangriffen zerstört – darunter auch das älteste steinerne Rathaus Deutschlands und die historischen Innenstadtkirchen wie St. Reinoldi. Die Überreste des seit 1701 als Wahrzeichen der Stadt geltenden barocken Kirchturms sind rechts im Hintergrund zu sehen. *(Foto: Ruhr Nachrichten-Archiv)*

Auch von der Propsteikirche, Stadtkirche der Katholiken in Dortmund, ragt nur ein trauriger Rest mit den Grundmauern aus der Trümmerlandschaft hervor. In den Schuttbergen wurde eifrig nach noch verwertbarem Material gesucht. *(Foto: Wolfgang Köster)*

Das Ausmaß der Zerstörung im Stadtzentrum zeigt der Blick über die Betenstraße, aufgenommen wahrscheinlich im Sommer 1946. Immerhin waren die Hauptverkehrsstraßen schon von den Trümmermassen geräumt und wieder passierbar. Aus den Häuserruinen ragen die Turmreste von St. Reinoldi und St. Marien hervor.
(Foto: Sammlung Valentin Frank)

▶ Die Vororte waren von Zerstörungen ebenfalls nicht verschont, wie hier das Haus Schendekehl in Dortmund-Brechten. Im Mai 1945 war jede dritte Wohnung im Stadtgebiet zerstört. *(Foto: Ruth Kruse)*

◀ Nur noch Trümmer blieben auch von Geschäfts- und Kaufhäusern im Stadtzentrum – wie hier vom Handelshaus Köster und Bömcke an der früheren Karlstraße. Nebenan lag das Verlagshaus der Familie Lensing. Hier war die Tageszeitung Tremonia, die Vorgängerin der Ruhr Nachrichten entstanden. Dahinter geht der Blick über den Westenhellweg auf die Ruine der Petrikirche. Sie bekam erst Anfang der 80er Jahre ihren Turmhelm wieder.
(Foto: Wolfgang Köster)

Das Leben kehrte schnell in die Stadt zurück, auch wenn die Straßen nur von Ruinen gesäumt wurden. Hochbetrieb herrschte schon bald nach dem Krieg an der einst verkehrsreichsten Kreuzung der Stadt von Brückstraße (rechts) und Osten-/Westenhellweg, direkt zu Füßen der Reinoldikirche. Links das bekannte Lokal „Zum Ritter“, das im alten Stil wieder aufgebaut wurde. Rechts im Hintergrund stand vor dem Krieg der „Römische Kaiser“ als eines der führenden und ältesten Hotels der Stadt. *(Foto: Ruhr Nachrichten-Archiv)*

▶ Gut hatte es, wer einen fahrbaren Untersatz besaß. Das Fahrrad war in den ersten Nachkriegsjahren, als Autos und Straßenbahnen noch nicht wie gewohnt rollen konnten, ein begehrtes Fortbewegungsmittel. Das Bild von Ilse Seidel entstand im Sommer 1950.
(Foto: Ilse Seidel)

▶▶ Spaziergang zwischen Trümmern. Der tägliche Weg zur Arbeit führte noch über Jahre vorbei an gewaltigen Schuttbergen. Weitgehend standgehalten hatte den Bomben der Turm der Union-Brauerei. Das charakteristische „U“ auf der Spitze wurde erst Ende der 60er Jahre aufgesetzt.
(Foto: Sammlung Valentin Frank)

Lebensfreude auch zwischen Trümmern zeigen die Bilder aus dem Fotoalbum von Marianne Lichte. Das Autowrack inmitten üppigen Grüns stand da, wo heute der Boulevard Kleppingstraße verläuft. Und auch der Weg zum Standesamt war damals offensichtlich steinig ... *(Foto: Marianne Lichte)*

Zumindest die Kinder konnten den Zerstörungen noch etwas Positives abgewinnen. Für sie wurden die Trümmerberge zum Spielplatz. Die beste Gelegenheit, den engen Wohnungsruinen zu entkommen. *(Foto: Erika Dammermann)*

▲ Die Lebensfreude kehrte langsam zurück. Das erste „harte“ Geld animierte gleich nach der Währungsreform zu einer ungewöhnlichen Wette: ein Marsch mit Unterwäsche, Fliege und Melone von St. Reinoldi durch die Brückstraße. Die gewonnenen 10 Mark kassierte allerdings gleich die Polizei ein, die gegen den Spaziergänger ein Bußgeld wegen Erregung öffentlichen Ärgernisses verhängte. Die Sitten waren damals halt noch streng. *(Foto: Marianne Lichte)*

▼ Erste Ablenkungen vom Nachkriegsalltag: Ein todesmutiger Artist wagt den Drahtseilakt quer über den Alten Markt mit der eindrucksvollen Kulisse von St. Reinoldi und der Adler-Apotheke (rechts). Gut zu erkennen sind die Schienen der Trümmerbahn, die quer über den Alten Markt verlaufen. *(Foto: Christa Knüwe)*

▶ ▼ Trotzdem war der Bahnhof mit seiner zerstörten Halle weiter ein Verkehrsknotenpunkt und Treffpunkt in der Stadt. Hier posierte man gern für den Fotografen. Viele, wie die Schülerinnen des Schiller-Gymnasiums, nutzten den Bahnhof täglich, um mit dem Zug in die Vororte zu fahren. Denn viele Schulen waren wegen der Zerstörungen im Zentrum an den Stadtrand ausgelagert worden. Die Bilder entstanden 1948/49.
(Fotos: Kurt Rösler/Friedrich und Rosemarie Veith)

◀ Nicht mehr viel übrig blieb vom einst stolzen Hauptbahnhof mit seiner kühnen Dachkonstruktion. Auch der Zugverkehr rollte nach dem Krieg erst langsam wieder an. Im Fernverkehr fuhr bis Anfang 1946 nur ein durchgehender Zug von Dortmund bis Hannover. Umso begehrter waren die Verbindungen ins nahe Umland – für die „Hamsterfahrten". Man mag sich aber auch vorstellen, welches erschreckende Bild sich jenen geboten haben muss, die nach langen Kriegsjahren wieder in ihre Heimatstadt zurückkehrten.
(Foto: Hans-Joachim Funke)

Vor dem Hauptbahnhof machten Straßenfotografen gute Geschäfte damit, Neuankömmlinge zu fotografieren. Und viele nutzten die Gelegenheit, sich für ein ganz besonderes Zeitdokument ablichten zu lassen – auch wenn die Kleidung bisweilen nur notdürftig war. Der rechte Schuh wurde von einem Bindfaden gehalten, erinnert sich Kurt Wiese, der als kleiner Junge für den Fotografen posierte.
(Fotos: Anneliese Siegert/Kurt Wiese/Grete Duschek/Irene Lange)

Mit der systematischen Schutträumung begann auch der Wiederaufbau. Um noch verwertbares Baumaterial zu finden, bediente man sich dabei oft auch auf fremden Grundstücken, wie sich Horst Ulrich erinnert. „Steine picken" gehörte zu den Hauptbeschäftigungen in dieser Zeit. *(Foto: Horst Ulrich)*

Inmitten der Trümmer der südlichen Innenstadt war Ende der 40er Jahre das Widulit-Werk entstanden, in dem aus Trümmern Hohlblocksteine angefertigt wurden. Das Werk stand mitten auf der Hainallee. Fast alle Ruinen dienten trotz ihres Zustands als Wohnunterkünfte, wie sich Hans Albrecht erinnert, der mit seiner Familie gleich neben dem Widulit-Werk wohnte. *(Foto: Hans Albrecht)*

1946 lief die systematische Schutträumung an, wie hier bei der Firma Köster und Bömcke an der Karlstraße. Alle – vom Chef bis zum Lehrling – packten dabei mit an, denn drei Viertel der Belegschaft war im Krieg gefallen. Die Trümmer wurden in kleine Loren verladen, die über Schienen zum Sammelpunkt am Hauptbahnhof rollten. Die so genannte Feldbahn hatte zum Höhepunkt der Räumaktion 1948 eine Gleislänge von 27 Kilometern und fuhr mit 31 Lokomotiven und 421 Loren. *(Foto: Wolfgang Köster)*

Mit Loren der Feldbahn und mit LKW wurde der Schutt auf die zentrale Siloanlage am Hauptbahnhof mit Platz für 14 Kastenkipper gefahren. Jeder Halter eines Lastkraftwagens war aufgefordert worden, im Sommer mindestens zwei Fuhren Trümmer pro Monat hierher zu transportieren. Nur so erhielt man die nötigen Bezugsscheine für Diesel-Kraftstoff. *(Foto: Peter K.W. Jaeck)*

Mit dem Beginn der systematischen Trümmerräumung im Mai 1946 durch das städtische Schutträumungsamt begann auch der Einsatz schwerer Geräte. Ende der 40er Jahre waren neun Bagger und sechs Spezialfahrzeuge im Einsatz. Dabei war Vorsicht geboten, weil auch über 4 000 Bomben- und Granatblindgänger geborgen werden mussten. *(Foto: Peter K. W. Jaeck)*

▲ Noch viele Jahre bot das Zentrum der Stadt mit Reinoldihaus, Reinoldikirche, Vehoff-Haus und Marienkirche ein Bild der Verwüstung. Nur die gröbsten Trümmer waren von den Straßen beseitigt. 1949 war mit der Schutträumung in der Ruine der Reinoldikirche begonnen worden. Im Dezember 1951 startete dann der Neuaufbau des Dachstuhls für das Kirchenschiff. Um auch den Turm wieder errichten zu können, rief der St. Reinoldi-Kirchbauverein die Reinoldi-Lotterie ins Leben, die von 1952 bis 1955 stattfand. *(Foto: Hans Mönig)*

▼ Bundesweit wohl einmalig war die gewaltige Siloanlage am Hauptbahnhof. Mit der Konstruktion wurde der natürliche Höhenunterschied an dieser Stelle des Walls geschickt ausgenutzt. Die Böschung war dazu mit eisernen Spundwänden verschalt worden. Über die 14 Rampen wurden die Trümmer in größere Waggons verladen, die dann zu den Kippstellen im Stadtgebiet u. a. die Deponie in Deusen fuhren. Aber auch viele der zahlreichen Bombentrichter wurden mit Trümmerschutt verfüllt. *(Foto: Peter K.W. Jaeck)*

HAUS MENSENDIECK

◀ ▶ Ein Jahr nach der ersten Reinoldi-Lotterie standen die großen Gerüste, hinter denen der Turm auf den verstärkten alten Fundamenten emporwuchs. Einer der Beteiligten am Turmbau war der Zimmermann Wolfgang Dolge, hier auf der Spitze des Turmgerüsts. Unter ihm ist die Hansastraße mit dem Gerippe des Westfalenhauses links und der damaligen Sparkasse, dem heutigen Museum für Kunst und Kulturgeschichte, zu sehen.
(Fotos: Wolfgang Dolge)

Prominenten Besuch bekamen Wolfgang Dolge und seine Kollegen an ihrem Arbeitsplatz: Elisabeth Wilms, bekannt als die „filmende Bäckersfrau“, wagte sich in die luftige Höhe. Mit ihren Filmen über die Dortmunder Nachkriegsjahre schuf sie die wohl wichtigsten Dokumente über diese Zeit.
(Foto: Wolfgang Dolge)

Dortmund

◀▲ Das Foto links entstand wenige Wochen nach dem Richtfest für den Reinolditurm, das am 1. September 1954 gefeiert wurde. Wenige Wochen später waren dann die Gerüste gefallen und der komplette Turm sichtbar. Er wurde wieder zu einem Wahrzeichen der Stadt. Neu im Bau war inzwischen gleich gegenüber der Reinoldikirche das Kaufhaus Hertie. Das Gebäude entstand an Stelle des früheren Hotels Römischer Kaiser, das im Krieg komplett zerstört worden war und wenige hundert Meter weiter südlich an der Betenstraße/Olpe neu entstand. *(Fotos: Wolfgang Dolge/Sammlung Valentin Frank)*

Schon 1951 lief der Wiederaufbau der Propsteikirche, von der seit dem ersten Großangriff auf Dortmund im Mai 1943 nur noch die Grundmauern standen. Sie wurde wieder zum Zentrum für die Katholiken in Dortmund, der größten Stadt im Erzbistum Paderborn. Im Mai 1951 konnte hier der erste Gottesdienst gefeiert werden. *(Foto: Rüdiger Fritz)*

Die nächste Baustelle für Wolfgang Dolge und seine Kollegen: der Wiederaufbau des Kaufhauses am Westenhellweg/Ecke Hansastraße. Im Hintergrund ist das noch nicht wieder hergerichtete Westfalenhaus zu sehen, das seit 1929 das erste Hochhaus der Stadt war. *(Foto: Wolfgang Dolge)*

▲ Schon im Juli 1949 lief am Verwaltungsgebäude der Gelsenkirchener Bergwerksgesellschaft an der Katharinenstraße der Wiederaufbau auf Hochtouren. Das so genannte Dortberghaus ist heute Sitz der städtischen Planungsverwaltung. *(Foto: Gerhard Halberstadt)*

▼ Zwei Drittel des Dortmunder Wohnungsbestandes war im Krieg zerstört worden. Viele Dortmunder hausten hungernd und frierend in Ruinen oder Notunterkünften. Der Wiederaufbau und Neubau von Wohnungen stand deshalb obenan. Noch Glück im Unglück hatte der Dortmunder Spar- und Bauverein, weil ein Großteil seines Wohnungsbestandes mit vielen schönen Bauten aus der Gründerzeit von den Bomben verschont geblieben war. Baulücken wurden schnell geschlossen, wie hier 1952 an der Rosegger-/Ecke Steubenstraße im Althoffblock. Insgesamt waren bis April 1952 in ganz Dortmund schon mehr als 15 000 neue Wohnungen mit öffentlichen Mitteln gebaut worden. *(Foto: Sammlung Valentin Frank)*

Die Grundmauern des 1904 errichteten Stadttheaters am Hiltropwall standen noch, das Innere war allerdings nach mehreren Bombentreffern völlig ausgebrannt. Nachdem man zunächst Pläne für eine Wiedererrichtung geschmiedet hatte, wurde das Gebäude Ende der 50er Jahre abgebrochen, um Platz für das neue Opernhaus zu machen. Es erlitt damit zum Unverständnis vieler Dortmunder das gleiche Schicksal wie das Alte Rathaus am Markt. Theater wurde seit November 1950 bereits wieder in einem neuen „Kleinen Haus", dem heutigen Schauspielhaus, am Hiltropwall gespielt. Vor allem aber zogen die großen Bühnen-Volks-Feste („Bü-Vo-Fe") rund um das Stadttheater seit 1949 alljährlich die Massen an.
(Foto: Sammlung Valentin Frank)

Gleich neben dem alten Stadttheater entstanden am Platz der früheren Synagoge die Hansa-Pavillons als neue Geschäftspassagen. 1959 begann dann der Bau des neuen Opernhauses. Es wurde 1966 eröffnet.
(Foto: Sammlung Valentin Frank)

Eines der großen öffentlichen Neubauprojekte waren die Verwaltungsgebäude der Stadtverwaltung und der VEW am Südwall. Sie waren Teil der systematischen neuen Stadtplanung mit den zentralen Straßenachsen von Kampstraße/Brüderweg und Kleppingstraße. Letztere führte mitten durch den neuen Gebäudekomplex, der 1954 fertig gestellt wurde.
(Foto: Sammlung Valentin Frank)

▲ Ein Jahr früher, 1953, stand der Ersatz für den früheren, prächtigen Hauptbahnhof. Das neue Bahnhofsgebäude war zweckmäßig und einfach. Einziger Schmuck waren die später eingesetzten dekorativen Fenster mit Motiven der drei Säulen der Dortmunder Industrien Bier, Bergbau und Stahl. Eigentlich als Provisorium gedacht, steht der Hauptbahnhof im Wesentlichen bis heute in dieser Form. *(Foto: Rüdiger Fritz)*

▼ Dichtes Gedränge herrschte Anfang der 50er Jahre wieder auf dem Westenhellweg. Die großen Kaufhäuser, allen voran Althoff (später Karstadt) waren in neuem Glanz wieder erstanden. *(Foto: Sammlung Valentin Frank)*

Eine der Attraktionen war der „Fernsicht-Erfrischungsraum“ im neuen Kaufhaus Hertie. Von hier ging der Blick direkt auf den Reinoldikirchplatz mit den Türmen von St. Reinoldi und St. Marien und den Ostteil der neu aufblühenden City. Die Postkarte stammt aus dem Jahr 1956. *(Foto: Sammlung Valentin Frank)*

Schaufenster gucken gehörte zu den liebsten Freizeitbeschäftigungen der Dortmunder. Gleich nach der Währungsreform im Juni 1948 füllten sich die Auslagen der Geschäfte wieder über Nacht und boten eine schier unglaubliche Fülle an Waren. Nicht jeder konnte sich freilich Großes leisten. Aber Gucken kostet ja nichts. *(Foto: Sammlung Valentin Frank)*

Trotzdem: Endlich konnte man sich wieder etwas gönnen. Das Wirtschaftswunder sorgte auch für ein reichhaltiges Angebot auf den Märkten. Dichtes Gedränge herrschte auf dem heute nicht mehr bestehenden Alten Markt in Hörde. Der Geschmack musste sich allerdings erst der Fülle des Angebots anpassen: „Als ich nach dem Krieg die erste Apfelsine in die Hand bekam, mochte ich sie gar nicht“, erinnert sich der Fotograf des Bildes, Willi Garth, an die erste Begegnung mit exotischen Südfrüchten. *(Foto: Willi Garth)*

▼ Eine weitere Großtat des Wiederaufbaus: Ende der 40er Jahre begann mit der Räumung des Geländes am Rheinlanddamm der Neubau der Westfalenhalle. Die alte Westfalenhalle, ein ovaler Holzbau aus den 20er Jahren, war im Krieg völlig zerstört worden. *(Foto: Peter K. W. Jaeck)*

Der Neubau einer neuen großen Veranstaltungshalle wenige Jahre nach Kriegsende war ein mutiger, aber weiser Entschluss der Stadtväter. Schon während der Bauzeit des stützenfreien Kuppelbaus aus großen Stahlträgern, wie hier im Juni 1951, war das Gelände um die Westfalenhalle mit den Rosenterrassen ein beliebtes Ausflugsziel. *(Fotos: Sammlung Valentin Frank/Doris Scherwald)*

Ab Februar 1952 lockte die Westfalenhalle dann die Massen zu Sport und Unterhaltung. Besonders groß war der Andrang bei den zahlreichen Ausstellungen – von den beliebten Gartenschauen, über Wohn- und Haushalts-Ausstellungen mit so klangvollen Namen wie „Wohne und lebe zeitgemäß“ bis zur Auto-Messe. *(Fotos: Sammlung Valentin Frank)*

▲ Der spätere erste Bundeskanzler Konrad Adenauer im Juli 1946 auf dem Gelände der Dortmund-Hörder-Hüttenunion an der Huckarder Straße. In einer ehemaligen Werkshalle, die stark beschädigt und durch die Demontage-Aktionen zum großen Teil freigeräumt worden war, fand die erste große Wahlkundgebung der neu gegründeten CDU in Nordrhein-Westfalen statt. *(Foto: Hans Mönig)*

Nicht nur in der Innenstadt und im Wohnungsbau war Wiederaufbau angesagt, auch die Wirtschaft musste die erheblichen Kriegsschäden beseitigen. Hier legen Eduard Wiese und seine Kollegen 1950 auf der Sinteranlage der Hoesch-Westfalenhütte Hand an. Die Alliierten hatten ihre umstrittene Demontage-Politik inzwischen beendet. *(Foto: Kurt Wiese)*

▲▶ Bei der bekannten Union-Brückenbau, einem der bedeutendsten Stahlbauunternehmen in Deutschland, lief 1951 ebenfalls wieder der Betrieb. Hier waren vor dem Krieg viele bekannte Bauwerke wie bedeutende Rheinbrücken oder die Stahlstützen der Wuppertaler Schwebebahn entstanden.
(Fotos: Sammlung Valentin Frank)

▲ Die Erbauer der Wolkenkratzer in New York haben offenbar diese Mitarbeiter der Firma Schüchtermann Kremer Baum für ihr Erinnerungsfoto hoch auf dem Stahlträger inspiriert. Die Halle der alten Lehrwerkstatt an der Körnebachstraße war im Krieg zerstört worden und wurde nun demontiert. *(Foto: Inge Vorthmann)*

▼ Der Spaß kam nicht zu kurz bei der Arbeit, wie dieses Gruppenbild der „Wodka-Schlepper" aus dem Familienalbum von Inge Vorthmann zeigt. Auch 1951 war hochprozentiger Alkohol offenbar ein kostbares Gut. *(Foto: Inge Vorthmann)*

▲ ▼ Auch die Straßenbahnen rollten wieder – und mancher fand neue Arbeit als Fahrer oder Schaffner bei den Dortmunder Stadtwerken. Vor allem Frauen, wie die Mutter von Gerhard Freimuth, fanden Beschäftigung im Werk von Rolli-Eis in Dortmund-Lindenhorst.
(Fotos: Gerhard Freimuth)

▲ Am Westentor – alten Dortmundern noch als „Körner Platz“ bekannt – stand auch damals das Fernamt. Schon 1948 konnte hier der Betrieb wieder aufgenommen werden, „und wir haben eifrig gestöpselt“, erinnert sich die Einsenderin des Bildes Gerda Lerchner. *(Foto: Gerda Lerchner)*

▼ Abenteuerlich war der Arbeitsplatz von Christel König bei der Firma „Handel, Handwerk und Gewerbe“, der heutigen Signal-Versicherung. Weil der bisherige Firmensitz zerstört war, wurde der Betrieb nach dem Krieg in einem Hochbunker am Leierweg, am Rande der westlichen Innenstadt, wieder aufgenommen. Erschwert wurde die Arbeit immer wieder durch Sondereinsätze zum Steinepicken oder Stromausfälle im dunklen Bunker. Umso mehr freute man sich auf die Mittagspause im Freien, wie das Bild von 1946 zeigt. Erst nach vier Jahren zog der Betrieb in einen Neubau am Ostenhellweg um. *(Foto: Christel König)*

Kräftige Kaltblüter halfen Bierkutscher Emil Höttemann und seinem Kollegen beim Ausfahren der Bierfässer der Dortmunder Hansa-Brauerei. Später dienten mit Pferden bespannte und speziell ausstaffierte Gespanne noch als Prunkwagen für Werbezwecke. *(Foto: Emil Höttemann)*

Wer feste arbeitet, darf auch feste feiern. Frei nach diesem Motto fanden die ersten Betriebsfeste statt – wie hier bei der Dortmunder Hansa-Brauerei. *(Foto: Emil Höttemann)*

Speziell die großen Unternehmen kümmerten sich auch um die soziale Betreuung und Freizeitgestaltung ihrer Mitarbeiter. Die Firma Hoesch stellte beispielsweise der IG Metall diesen Jugendgruppenraum zur Verfügung, in dem 1951 Schach oder Tischtennis gespielt werden konnte. Ein Angebot, das offenbar reichlich genutzt wurde. *(Foto: Sammlung Valentin Frank)*

Für dieses Sommerkleid von Gerda Lerchner musste sich ihre Mutter schweren Herzens von ihrer Gardine trennen. Eine Flüchtlingsfrau aus Litauen verarbeitete den Stoff zu einem schicken Kleid. Immerhin konnte man so sicher sein, keiner Zweiten im gleichen Aufzug zu begegnen. *(Foto: Gerda Lerchner)*

▶ Besonders beeindruckt haben Else Schmidt die Strümpfe ihrer Freundin Paula (links). Die hatte sie nämlich aus einem aufgeribbelten Zuckersack selbst gestrickt, ein sehr hartes und kratziges Material. „Wolle gab es schon lange nicht mehr zu kaufen. Und vorhandene Pullover und andere Wollsachen hatten die Frauen schon zwei- bis dreimal aufgeribbelt und immer wieder neue Sachen daraus gestrickt“, erinnert sich Else Schmidt. Auch ihr Kleid war selbstverständlich selbst genäht. Das Foto der beiden 16-jährigen Freundinnen entstand im Juni 1946 in Dortmund-Groppenbruch. *(Foto: Else Schmidt)*

Auch das Kleid von Gretel Hoffmann, das sie hier 1949 beim Spielen im Notkindergarten der Paul-Gerhardt-Gemeinde in der Plauener Straße trug, war von der Mutter aus Wollresten gestrickt worden. Im Herbst wurden kurzerhand ein paar Reihen angestrickt und für die Arme wurden „furchtbar kratzige Stulpen“ übergezogen. Auch die Strümpfe waren deutlich sichtbar mehrfach gestopft. *(Foto: Gretel Hoffmann)*

▲ Über das erste Dreirad freute sich Kurt Kritzler 1950. Auch dieses Gefährt war selbstverständlich Marke Eigenbau. *(Foto: Kurt Kritzler)*

Das kleine Familienglück machte die wieder heile Welt perfekt. Das Foto von Anneliese Härtel entstand 1948 im Garten des Dortmunder Amtsgerichts, der ebenfalls für Gemüseanbau genutzt wurde. Die Zeiten waren halt noch schlecht.
(Foto: Anneliese Härtel)

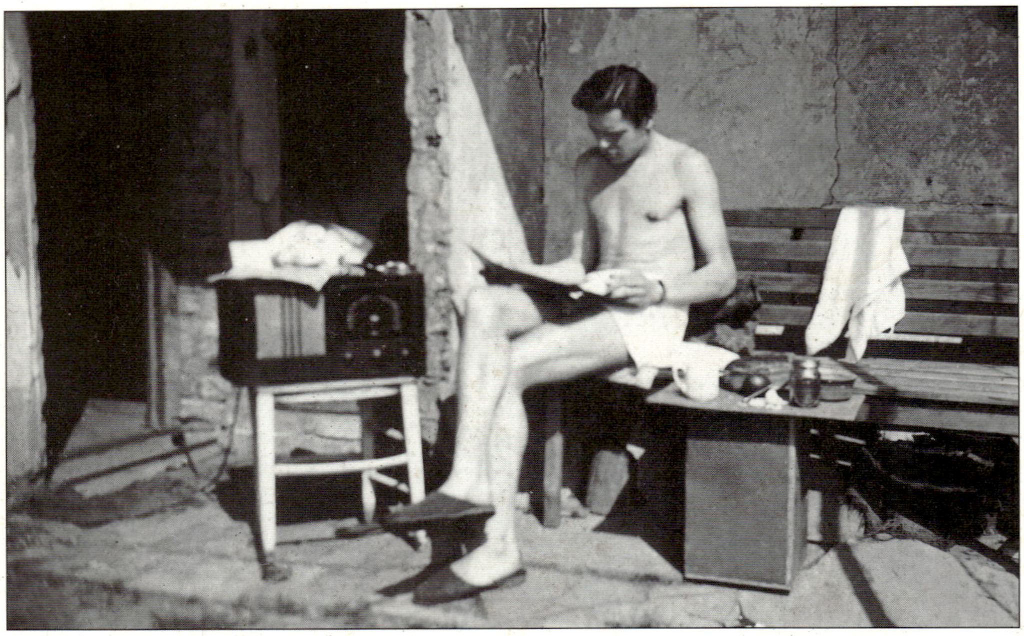

Auch wenn das Wohnhaus nur notdürftig wieder hergerichtet war, man genoss die Sonne im Sommer 1949 – wie hier Kurt Rösler im Wohnblock an der Güntherstraße in der östlichen Innenstadt. *(Foto: Kurt Rösler)*

Familienleben wurde groß geschrieben in der „heilen Welt“ der 50er Jahre. Dazu gehörten auch die Handarbeitsabende, an die sich die damals 18-jährige Doris Scherwald noch gut erinnert. *(Foto: Doris Scherwald)*

▼ Der Haushalt vieler Dortmunder war noch bescheiden eingerichtet. Ganzer Stolz von Hilde Kritzler war der blitzblanke, mit Kohle beheizte Küchenherd. Der Kaffee wurde selbstverständlich noch von Hand gemahlen. *(Fotos: Kurt Kritzler)*

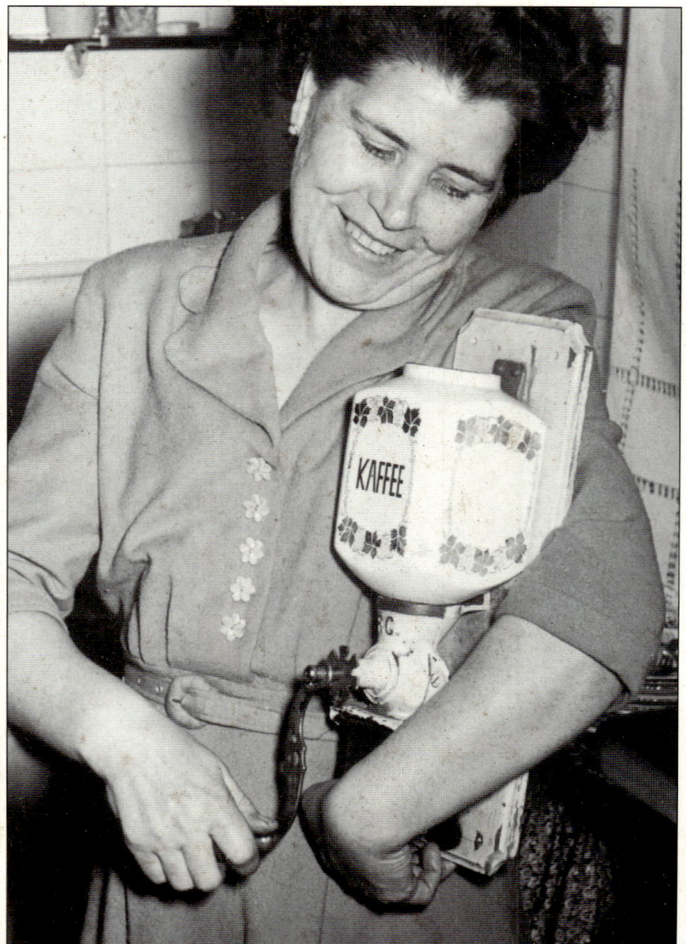

▲Reich beschenkt wurde Monika Bayer beim Weihnachtsfest 1952. Unter dem geschmückten Tannenbaum in der Heinrichstraße warteten Puppenwagen, Riesenteddy und eine Puppenküche.
(Foto: Sammlung Valentin Frank)

Mit einfachen Mitteln verschönerte man zur Adventszeit sein spartanisch eingerichtetes Heim. Zum Beisammensein am Abend gehörte bei Familie Peter und Elsbeth Becker in der Nordstadt im Dezember 1954 natürlich auch eine Flasche Bier.
(Foto: Sammlung Valentin Frank)

Im Grünen musizierte man kurzerhand selbst. Besonders stolz war das Quartett mit Gitarre um Armin Gehrmann 1947 auf die neuen adretten Hosen. Und auch auf Wanderungen war die Gitarre mit dabei. Die fröhliche Gruppe war auf dem Nußbaumweg in Richtung Schüren unterwegs. Die Richtung wiesen die Kohlenhalde und der Förderturm der Zeche Freie Vogel im Hintergrund.
(Fotos: Emil Höttemann/Armin Gehrmann/Kurt Kritzler)

Eine kurze Pause beim Spaziergang durch den Westpark legte Valentin Frank ein – und nahm dazu auch schon mal im nagelneuen Kinderwagen Platz. Das Kind wurde freilich vorher herausgenommen.
(Foto: Sammlung Valentin Frank)

▼ Eher an eine Schlammpfütze erinnerte der Teich an der Buschmühle, eines der beliebtesten Ausflugsziele im Stadtgebiet und heute Teil des Westfalenparks. Christel König und ihre Freundin präsentierten beim Spaziergang am Wasser kurz nach der Währungsreform 1948 stolz ihre sogenannten „Staubmäntel“, die Vorgänger des Trenchcoats.
(Foto: Christel König)

Ein weiteres beliebtes Ziel für Ausflügler war die Hohensyburg mit dem Kaiser-Wilhelm-Denkmal an der Südspitze der Stadt. Pfingsten 1954 herrschte dazu offenbar bestes Ausflugswetter. Für ein Erinnerungsfoto konnte man sich vor der aufgemalten Denkmalskulisse wie Kaiser Wilhelm I. hoch zu Ross ablichten lassen – allerdings nur auf einer Esel-Attrappe.
(Fotos: Werner Naudiet/Anneliese Härtel)

Zur Erfrischung und Erholung luden die Biergärten am Hengsteysee zu Füßen der Hohensyburg ein.
(Foto: Sammlung Valentin Frank)

Kinderfeste waren offenbar an der Tagesordnung in den Nachkriegsjahren – auch wenn die Mittel einfach und die Kulisse wenig feierlich war. Hier wird 1946/47 mitten in den Trümmern des zerbombten Kreuzviertels an der Liebigstraße/Ecke Neuer Graben gefeiert. *(Foto: Elsbeth Merz)*

Eine Wüstenlandschaft zwischen dem Bahn-Betriebswerk und dem Hoesch-Park an der Brackeler Straße war Schauplatz für dieses Kinderfest im Jahr 1949. Noch schöner war es natürlich bei einem Ausflug ins Grüne mit Musik zu feiern. *(Fotos: Anne Hertle)*

Auch als Hochzeiter störte man sich nicht an der Trümmerkulisse. Und die Enge der Wohnungen war ebenfalls vergessen, wenn man wie hier in der Alten Kolonie in Bodelschwingh gemeinsam an der Festtafel saß. Für die Frauen gab es Bowle, für die Männer Bier – und eine Zigarre. *(Fotos: Emmi Mustereit/Gabriele Krainski-Plüser)*

Die Zeit des Kaloriensparens war vorbei. In den 50er Jahren genoss man wieder lange entbehrte Gaumenfreuden. Und die Sahnetorte konnte, wie bei dieser Familienfeier in der Lambachstraße im Oktober 1953, gar nicht groß genug sein. *(Foto: Sammlung Valentin Frank)*

Besonders beliebt waren die Kinderschützenfeste, bei denen zwar nicht geschossen, aber ähnlich wie bei den Großen zünftig gefeiert wurde. Auf Wiesen und Hinterhöfen kam dabei meist eine große Schar von Kindern aus der ganzen Nachbarschaft zusammen, um ihr Schützenkönigspaar zu wählen. Das präsentierte sich dann stolz im improvisierten Königs-Ornat, wie hier in der Alten Kolonie in Eving. Und meist gab es auch einen Umzug durch die Straßen des Viertels, in diesem Falle die Werderstraße. *(Fotos: Anneliese Wenning/Christa Knüwe)*

Auch wenn es eng war, es wurde ausgelassen getanzt. Der Kopfschmuck von Onkel Florin hatte allerdings einen ganz praktischen Grund, wie Einsender Kurt Kritzler verrät: Er war kurz zuvor beim Zahnarzt. Bei Doris Scherwald setzte man da eher auf die klassische Sommerhut-Mode. Bisweilen half aber auch ein Sofakissen bei der Maskerade.
(Fotos: Kurt Kritzler/Doris Scherwald)

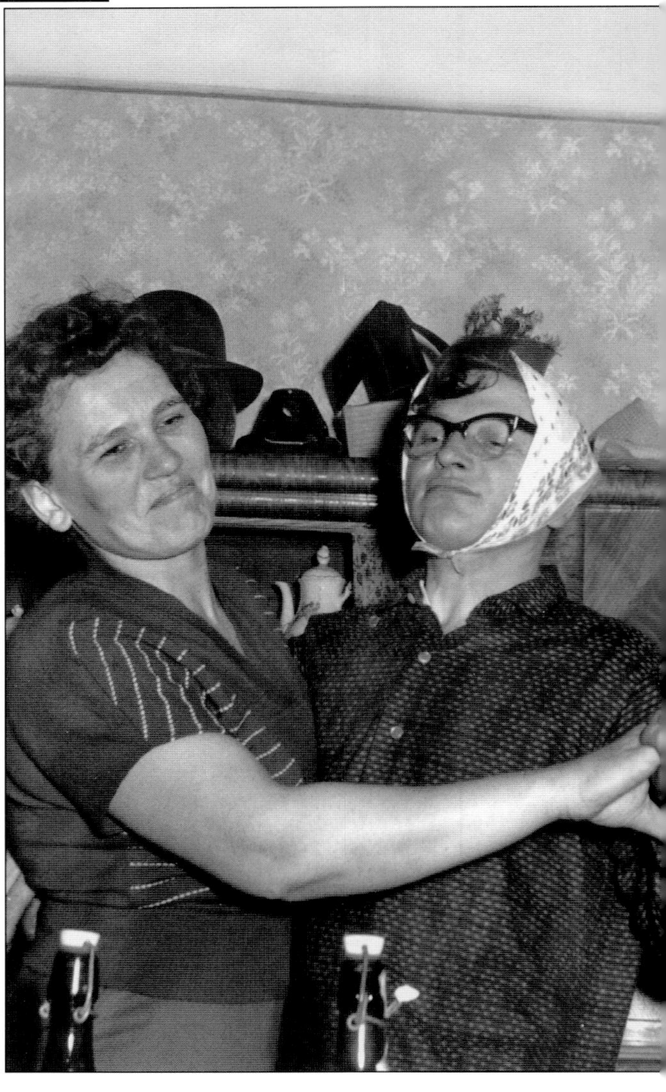

Kostümierungen waren nicht nur zur Karnevalszeit gefragt. Bei Familie Bayer in der Albrechtstraße wurde auch das Silvesterfest 1954 ausgelassen gefeiert. Und bisweilen schlug die Begeisterung nach ein paar Gläschen Likör oder Weinbrand hohe Wellen.
(Fotos: Sammlung Valentin Frank/Friedhelm Thomann)

Hoch her ging es auch bei den öffentlichen Karnevalsfeiern. Über mangelnden Andrang und schlechte Stimmung brauchte sich der Sparclub der Gaststätte Schlüter am Hörder Remberg bei seinem Fest nicht beklagen. *(Foto: Kurt Kritzler)*

Die Pfarrjugend der Propstei-Gemeinde feierte 1949 erstmals Karneval. Die Töchter eines Weinhändlers sorgten für Getränke und für die Kostüme griff man notgedrungen in die heimische Flickenkiste. Das Ergebnis kann sich trotzdem sehen lassen. *(Foto: Friedrich und Rosemarie Veith)*

1952 startete dann auch der erste Rosenmontagszug durch die zum großen Teil noch in Trümmern liegende Innenstadt – vorbei auch an St. Reinoldi. Die Begeisterung der Zuschauer für die offiziellen Karnevalisten war groß. Besonders die Prinzessin wurde umjubelt – unter dem wachsamen Auge der Polizei, die noch den „Tschako"-Helm trug.
(Fotos: Marie-Luise Rydlewski/Friedrich und Rosemarie Veith)

▲ Karnevalistische Abendkleidung war bei dieser Feier in der „Flora“ gewünscht. Der guten Laune tat das allerdings keinen Abbruch. *(Foto: Marie Luise Rydlewski)*

Prachtvoll fiel auch der Umzug der Lindenhorster Knappen zu ihrem 50-jährigen Bestehen aus, das 1951 drei Tage lange gefeiert wurde. Bei der festlich geschmückten Kutsche handelte es sich um das ehemalige „Dienstfahrzeug“ des Betriebsführers der Zeche Fürst Hardenberg. Rolf Wiegand durfte stolz neben dem Kutscher Platz nehmen, der seinen Großvater durch Lindenhorst chauffierte. *(Foto: Rolf und Renate Wiegand)*

Die ersten Nachkriegs-Kirmessen fanden auf dem Lortzingplatz in der Nordstadt statt. Besonders beliebt war 1950 der Autoscooter, schließlich hatten damals nur die Wenigsten einen eigenen fahrbaren Untersatz. Ein Jahr später war der „Rotor" die besondere Attraktion der Osterkirmes. Der Zylinder wurde in schnelle Drehung versetzt und der Boden entfernt. So klebten alle an der Wand, erinnert sich Friedrich Veith. Mit Verringerung der Drehzahl rutschten dann alle langsam nach unten auf den Boden. *(Fotos: Sammlung Valentin Frank/Friedrich und Rosemarie Veith)*

Auch das kirchliche Leben erwachte wieder. Nur wenige Wochen nach Kriegsende fand inmitten von Trümmern wieder eine Fronleichnams-Prozession der St. Joseph-Gemeinde in der Nordstadt statt. Auch die an der Münsterstraße gelegene Kirche hatte schwere Bombentreffer abbekommen.
(Foto: Sammlung Valentin Frank)

▶ Festlich gekleidet feierte Margrit Borota ihre Erstkommunion 1956. Die eher triste Kulisse eines Hinterhofs in der westlichen Innenstadt störte da nicht. *(Foto: Margrit Borota)*

▶ Die Urbanus-Gemeinde in Huckarde veranstaltete 1945 wieder ihre Pfingst-Prozession. Die Zerstörungen an Häusern und Straßen waren hier weniger stark als in der Innenstadt, doch auch hier ging es vorbei an ausgebrannten Ruinen. *(Foto: Hans Mönig)*

Die Erstkommunion konnte am 16. April 1950 wieder in der Propstei-Kirche gefeiert werden. Die Kinder zogen gemeinsam mit Propst Aufenanger und Vikar Theodor Luig von der damaligen „Pfarrzentrale" in einer Baracke am Südrandweg in die Notkapelle der Gemeinde im benachbarten Altenheim Christinenstift. Erst ein Jahr später konnte die Propsteikirche wieder genutzt werden.
(Foto: Friedrich und Rosemarie Veith)

▲ Mit einem Festumzug feierte die Kolping-Familie in Huckarde 1947 ihr 25-jähriges Bestehen. Der Schmuck der Wagen fiel angesichts der schweren Zeiten eher bescheiden aus, die Freude der Beteiligten war trotzdem groß. *(Foto: Hans Mönig)*

◀ Auch erste internationale Kontakte wurden schon früh geknüpft. Eine Gruppe der Deutschen Katholischen Jugend aus der St.Urbanus-Gemeinde in Huckarde war 1951 unter der Leitung des damaligen Dekanatsführers Hans Mönig zu Gast in der späteren Dortmunder Partnerstadt Leeds. Ein Jahr später folgte der Gegenbesuch der englischen Pfadfinder, der Boy Scouts aus Leeds, in Huckarde.
(Foto: Hans Mönig)

120 000 Teilnehmer aus ganz Deutschland kamen 1954 zum ersten Bundesfest der Deutschen Katholischen Jugend nach Dortmund. Organisationsleiter war der spätere Chef des Dortmunder Flughafens Hans Mönig. Die zentrale Messfeier fand am Sonntagmorgen auf dem Hansaplatz statt. Zur zentralen Abendveranstaltung in der Westfalenhalle kam auch Bundespräsident Theodor Heuß.
(Foto: Hans Mönig)

Zu den ersten großen Errungenschaften der Wirtschaftswunderzeit gehörte natürlich ein fahrbarer Untersatz. Heiß begehrt war beispielsweise der zweisitzige NSU-Autoroller „Lambretta“. Als besondere Extras bot das schicke Gefährt, mit dem Kurt Rösler hier im April 1952 vor der Westfalenhalle an der Strobelallee posiert, sogar ein Reserverad und ein verschließbares Handschuhfach. *(Foto: Kurt Rösler)*

Für Autofahrer waren VW und Ford die bevorzugten Marken, mit denen man sich gern ablichten ließ. Ganz vorn in der Gunst lagen der unverwüstliche Käfer, damals noch mit Brezel-Rückfenster, und der „Buckel-Taunus". Noch schicker war natürlich ein „Maico-Sport". Mitte der 50er Jahre verzeichnete die städtische Statistik schon mehr als 43 000 zugelassene Kraftfahrzeuge auf Dortmunds Straßen, gegenüber 5 285 im Frühjahr 1947.
(Fotos: Anneliese Wenning/Ilse Seidel/Kurt Wiese/Robert Melchers)

Kundenpflege besonderer Art zeigte der Einzelhandel. Konsum, Rewe, Edeka und Co. luden zu so genannten Hausfrauen-Nachmittagen ein. Stimmung und Verpflegung waren dabei anscheinend gut.
(Fotos: Sammlung Valentin Frank/Friedhelm Thomann)

Beliebt waren auch Betriebsbesichtigungen mit anschließender Verköstigung. Dabei lockten nicht nur die Dortmunder Brauereien, sondern auch die Branntwein- und Likörfabriken.
(Foto: Sammlung Valentin Frank)

Singen gehörte wieder zu den liebsten Freizeitbeschäftigungen. Beim gemischten Chor „Einigkeit“ aus Groppenbruch, der aus einem reinen Männergesangverein hervorgegangen war, durfte dann auch schon einmal ein Gartenstuhl als Dirigentenpult herhalten. Etwas einfacher hatte es da Heinrich Lichtenberg mit seinem gleichnamigen Chor dank einer großzügigen Freitreppe bei der Teilnahme am Wettbewerb „Bergleute singen für Bergleute“. Immerhin konnte die „Chorgruppe Lichtenberg“ den Gesangwettstreit dreimal in Folge gewinnen. *(Fotos: Else Schmidt/Remmer Schunke)*

Auch die Bildende Kunst blühte wieder auf. Ab 1949 fanden im neu eingerichteten Museum am Ostwall die ersten Ausstellungen statt, die vor allem der Gegenwartskunst gewidmet waren. *(Foto: Friedrich und Rosemarie Veith)*

▲ Besonders beliebt waren die ungezählten Tanzveranstaltungen, die in Sälen und Lokalen stattfanden – oder eben auf den Rosenterrassen an der Westfalenhalle.
(Foto: Sammlung Valentin Frank)

▼ Der Besuch der Tanzschule war deshalb Pflicht – zumal so manche(r) bei Walzer und Tango auch den Partner fürs Leben kennen lernte. Friedrich Veith absolvierte im März 1952 im besten Anzug den Schlussball der Tanzschule Gödde in der Schliepstraße.
(Foto: Friedrich und Rosemarie Veith)

In der Kampfbahn Rote Erde absolvierte der DSC 95 seine ersten Fußballspiele und Leichtathletik-Wettkämpfe. Die Fußballer des TuS Eving Lindenhorst traten im Bergarbeiter-Vorort Eving passenderweise im Bergstadion zu ihren Spielen an.
(Fotos: Marie-Luise Rydlewski/Anneliese Wenning)

▼ Keine Berührungsängste zwischen Sport und Kultur gab es bei den Fußballern des HSC 1910 und dem Theaterverein Hörde. Im Dezember 1947 standen die Schauspieler und die erste Fußballmannschaft beim Theaterstück „Der Fußballkönig" gemeinsam auf der provisorischen Bühne im Saal der Gastwirtschaft Jungesblut in Hörde. Ein Aufführungsort mit Tradition: Im Dezember 1945 hatte hier mit „Die Schöpfung" von Joseph Haydn auch das erste offizielle Nachkriegs-Chorkonzert mit dem Städtischen Orchester stattgefunden.
(Foto: Sammlung Valentin Frank)

▶ Für Verpflegung war gesorgt beim Reit- und Fahrturnier 1954 auf dem Mendeplatz am Fredenbaum. In den ländlich geprägten Vororten Dortmunds ist der Reitsport bis heute weit verbreitet. *(Foto: Anneliese Härtel)*

Die ersten Nachkriegs-Winter waren hart. Umso mehr freute man sich über den Sommer. Dichtes Gedränge herrschte dann in den Dortmunder Freibädern – allen voran im altehrwürdigen Volksbad von 1927 südlich von Westfalenhalle und Kampfbahn Rote Erde. Hier wurden an heißen Tagen bis zu 15 000 Besucher gezählt, im gesamten Jahr 1949 waren es mehr als 152 000. Die zahlreichen Schwimmbecken boten Erfrischung und Badespaß für die ganze Familie.
(Fotos: Sammlung Valentin Frank/Kurt Kritzler)

Der in den 20er Jahren von Stadtbaurat Hans Strobel angelegte Volkspark im Süden der Innenstadt war auch nach dem Krieg wieder ein Treffpunkt für Freizeit und Vergnügen. Der Überblick aus der Luft zeigt im Vordergrund das gut besuchte Volksbad und unmittelbar dahinter das Stadion Rote Erde, das damals auch Heimat der Fußballer von Borussia Dortmund war. Neuer Blickfang im Hintergrund vor der Kulisse der Dortmunder Innenstadt ist die neue Westfalenhalle, die damals noch ein Solitär war. Erst später entstanden die zahlreichen Nebenhallen mit Hotel und Kongresszentrum. *(Foto: Sammlung Valentin Frank)*

1954 war die Kampfbahn Rote Erde auch Schauplatz der sportlichen Wettkämpfe und Vorführungen zum Bundestreffen der Deutschen Katholischen Jugend. Auch Rhönradturnen gehörte zum Angebot des Sportfestes. *(Foto: Hans Mönig)*

Radsport und Boxen gehörten in den Nachkriegsjahren zu den Publikumsrennern. Der gelernte Maschinenschlosser und spätere Europameister Heinz Neuhaus aus Dortmund-Dorstfeld boxte 1950 vor 40 000 Zuschauern in der Roten Erde um die Schwergewichts-Meisterschaft. Lokalmatador auf dem Rad war Gustav Kilian. Neben den 6-Tage-Rennen in der Westfalenhalle drehten die Rad-Asse auch auf der Freiluft-Bahn im Hoesch-Park ihre Runden und zogen wie hier beim Steher-Rennen 1955 viele Zuschauer an.
(Foto: Sammlung Valentin Frank)

◄ ▲ Und natürlich der Fußball: Gleich nach Kriegsende begann die Erfolgswelle des BV Borussia. 1949 wurden die Kicker vom Borsigplatz erstmals deutscher Vizemeister und wurden trotz des knapp verlorenen Endspiels (2:3 nach Verlängerung gegen den VfL Mannheim) in ihrer Heimatstadt wie Sieger empfangen – wie hier am Hauptbahnhof (links) und in der Bornstraße, nahe dem Borsingplatz. Der Höhepunkt folgte wenige Jahre später: 1956 und 1957 wurde der BVB mit der exakt gleichen Mannschaftsaufstellung deutscher Fußballmeister. Wieder wurde den Helden um Kapitän Adi Preißler, Max Michallek und „Jockel" Bracht daheim ein jubelnder Empfang bereitet. Spätestens jetzt war das Kriegstrauma überwunden und man konnte mit Fug und Recht sagen: „Wir sind wieder wer!" *(Fotos: Archiv Gerd Kolbe)*

Weitere Bücher aus dem Wartberg Verlag für Ihre Region

Udo Steinmetz
Dortmund – Bewegte Zeiten – Die 50er Jahre
72 S., geb., zahlr. S/w-Fotos
ISBN 3-86134-306-1

Udo Steinmetz und Jochen Helle
Dortmund – Gestern und heute
Eine Gegenüberstellung
60S., geb., zahlr. Farb- und S/w-Fotos
ISBN 3-86134-897-7

Jochen Helle und Peter Döring
Dortmund – Farbbildband
72 S., geb., zahlr. S/w- und Farbfotos
dt./engl./franz.
ISBN 3-86134-888-8

H. J. Bausch und M. Czerwinski
Dortmund – Luftbilder von gestern und heute
Eine Gegenüberstellung
48 S., geb., zahlr. S/w- und Farbfotos
ISBN 3-86134-463-7

Günter Knippenberg
Dortmund-Brackel
wie es früher war
Historische Fotografien
72 S., geb., zahlr. S/w-Fotos
ISBN 3-86134-685-0

Klaus Winter
Dortmund – Die Nordstadt
wie sie früher war
Historische Fotografien
72 S., geb., zahlr. S/w-Fotos
ISBN 3-86134-889-6

Klaus Winter
Das Brückenstraßenviertel in Dortmund
wie es früher war
Historische Fotografien
48 S. geb., zahlr. S/w-Fotos
ISBN 3-8313-1090-4

Wolfram Martin
Der mit den Füchsen spricht ...
Günther Schumann und Feline
Eine einzigartige Freundschaft zu wild lebenden Füchsen
88 Seiten, Farbfotos
ISBN 3-8313-1270-2

Mit großartigen, aussagekräftigen Tieraufnahmen erzählt dieser Bildband die authentische Geschichte einer 10-jährigen, einzigartigen Freundschaft zwischen dem Naturfotografen Günther Schumann und Feline, einer wild lebenden Füchsin. Einfühlsam in Worte gefasst vom Publizisten Wolfram Martin – ein Buch, das alle echten Tier- und Naturfreunde begeistert.

Wartberg Verlag GmbH & Co. KG
Bücher für Deutschlands Städte und Regionen
Im Wiesental 1 · 34281 Gudensberg-Gleichen · Telefon (0 56 03) 9 30 50 · Fax (0 56 03) 30 83
www.wartberg-verlag.de